Für Christel 12.12.86

Elke Pavlovic-Lotze

SCHICHTWEISE

Gedichte und Erzählungen

Trübsal
In bunte
Ballons blasen
Und einfach
In Richtung
Sonne schicken ...

Elke Pavlovic-Lotze

Erstausgabe 1985 · »VERLAG GELSENDRUCK«

»SCHICHTWEISE«
Gedichte und Erzählungen

Lektorat: Manfred Sandheigl

Titelgestaltung: Wolf Stegemann

Fotos:
Hans-Peter Notthoff S. 38, 44, 82
Ulrich Mertens S. 16
Manfred Sandheigl S. 22, 62, 72, Umschlagseite

Gesamtherstellung:
»GELSENDRUCK« Günter Zywietz, Knappenstr. 23
4650 Gelsenkirchen

Printed in Germany

ISBN 3-924984-06-9

Elke
Pavlovic-Lotze

Schicht
weise

Gedichte
Erzählungen

Verlag
›Gelsendruck‹

Vorweg gesagt

Elke Pavlovic-Lotze überrascht. Vor einem Jahr legte sie ihr Erstlingswerk »Aufwind« vor, schüchtern noch und voller Zweifel. Jetzt ist die relativ hohe Auflage vergriffen. Ein literarischer Erfolg alleweil, denn Lyrik verkauft sich zäh - wer weiß das nicht.

Elke Pavlovic-Lotzes Lyrik spricht schon beim ersten Lesen an. Man könnte fast sagen, diese brave und bedachtsame, schüchterne und sensible, nie sich zornig oder pathetisch gebende Poetin hat wie keiner ihrer ernst-hermetischen (oder visionär beschwörenden) Kollegen bei Lesern jene Tugend gefördert, die als »Liebe zur Poesie« genannt werden kann. Allerdings hat Elke Pavlovic-Lotze ihren Stellenwert als »Geheimtip« noch nicht verlassen. Sie hat aber die Chance, die Region literarisch zu erobern.

Die Gedichte ihres zweiten Bandes »Schichtweise« kommen harmlos daher: im Gewand des Bänkelgesanges oder des ironischen, aber nie verletzenden Statements; einmal so ausgiebig wie eine Jahreszeit, ein andermal in epigrammatischer Kürze. Immer jedoch vermeidet sie große Worte, das plakative Pathos.

Ausgehend vom Privaten, von der persönlichen Erfahrung, gelingt es Elke Pavlovic-Lotze scheinbar mühelos, allgemeine Zustände exakt zu beschreiben, sie für den Einzelnen lesbar zu machen. Hier geht sie die so wichtige Verbindung zwischen Autorin und Leser ein.

Lokalkolorit des Kohlenreviers - offen vorgetragen oder thematisch versteckt - ist unverkennbar. Das beinhaltet Sehnsüchte ebenso wie gesellschaftspolitische

Festschreibungen. Augenblicke und eigene Erfahrungen sind also festgehalten, mit denen die junge Lyrikerin zeigt, daß sie trotz aller Ängste und Zweifel doch überwiegend Freude am Leben hat, an einem Leben – so wie es ist. Auch hier stößt sie – bewußt oder unbewußt – wieder auf Deckungsgleichheit zwischen ihr und dem Leser.

Elke Pavlovic-Lotze nimmt für sich in Anspruch, nicht auf die großen Themen vereidigt zu werden. Vielleicht ist hier das »Geheimnis ihres Erfolges« zu suchen, das auf der Literatur als kleine Nische im Alltag beruht.

Denn sie baut ihre Gedichte mit unspektakulären, einfachen Klötzchen: Dinge und Sachverhalte der Normalität – bzw. was die Sprache aus ihrem allgemeinsten Repertoire dafür bereithält. Es sind die Gegenstände, Gedanken und Gepflogenheiten des häuslichen Umkreises, des Tagesablaufs von gewöhnlichen Menschen: Leben, Zeitablauf, Tod, die gängigen Gefühle, die gängigen Erfahrungen. Der Leisten, bei dem Elke Pavlovic-Lotze bleibt, ist die eigene Sensibilität, die eigene Haut. Duktus und Evokationskraft ihrer zum Teil im volkstümlichen Tonfall des Reviers gehaltenen Prosastücke decken sich inhaltlich mit ihrer Lyrik. Dieser schnörkellose Schichtwechsel, mit dem sich Elke Pavlovic-Lotze auf ein für sie sprachlich glattes Neuland begibt, macht das Kennenlernen ihrer Texte von Augenblicken und Geschehnissen unserer Existenz in einem immergleichen, doch immer wieder anderen Alltag zur Freude und zum stillen Genuß. – Man wird Elke Pavlovic-Lotze die Referenz als Leser und Zuhörer nicht verweigern können.

Wolf Stegemann

STEIN

FÜR

STEIN

Wer ohne Sünde sei
Der werfe
Den ersten Stein

Stein für Stein

Wann wirst
DU
Getroffen sein

Bonner Stoßgebet

Und
Vergib uns
Unsere Schuld
Denn
Wir suchen
Schon wieder
Schuldige

Bonner Schwur

(Für alle Fälle)

Dein Eid
Ist Meineid
So wahr uns
Gott helfe
Schaden
Abzuwenden
Und
Den Nutzen
Zu mehren

Der Rattenfänger
Hätte heute
Keine geregelte
Arbeitszeit
Denn das
Ungeziefer
Nimmt allmählich
Überhand

Weitsichtig

Es besteht
Die berechtigte
Aussicht
Mit
Umsicht
Und
Vorsicht
Die
Übersicht
Über unsere wahre
Absicht
Zu verlieren

Ein Lied
Sollte ich
Singen
Zwo
Drei
Vier
Dabei
Ging mir
Die Luft

Aus

Laßt doch
Der Jugend
Ihren Lauf
Solange
Sie nicht
Im Gleichschritt
Marschiert

Zielsterbig

Die
Augen
Ge
Ra
De
† † †
Aus

Nirgendwo
Wird mehr
Geheuchelt
Als
An offenen Gräbern

Meine Texte
Könnt ihr
Redigieren
Meine Meinung
Nicht

Offenkundig

Rechtshänder
Rechtsverkehr
Rechtsdrehung
Rechtsgewinde
Ganz klar
Wir leben in
Einem Rechtsstaat

Tragt uns
Unsere
Vergangenheit
Nicht nach

Sie holt uns
Ständig ein

Beruhigend

Bürger
Baut
Bunker
Denn
Bunker* sind nur
Behälter
Zur Aufnahme von
Massengut

* Duden, Bd. 5 (Fremdwörter)

Manchmal
Wirken
Worte erst
Wenn sie an
Wänden stehen

Hassan und Ali

Wurzeln
Wollten sie
Werfen
Und mußten
Im Keim
Ersticken

Im Rudel
Waren sie
Immer schon stark

Wölfe
Hyänen
Und
Feiglinge

Es sprach der Fuchs
Im Hühnerstall
Verlangt nicht
Menschlichkeit
Von mir

So grausam
Könnt ihr
Nicht sein

Je mehr
Etwas
Totgeschwiegen
Wird
Desto
Lebendiger
Ist es

Gesetzentwurf

Künftig soll
Jedes Paar
Das erwägt
Ein Kind
Zu zeugen
Zehn Jahre vor
Dessen Geburt
Sozialabgaben
Entrichten
Damit
Der neue
Bundesbürger
Im Alter von
Dreißig Jahren
Vorgezogenes
Altersruhegeld
Beziehen kann

Die Regierung
Erhofft sich so
Einen wirksamen Abbau
Der Arbeitslosigkeit

Wer
Die Quelle
Des Übels
Finden
Will
Muß
Durch den
Sumpf waten

PFLASTER
AUF
WUNDEN

Meine Gedichte
Sind
Pflaster auf
Schlecht verheilten
Wunden

Schnitzt
Nichts
Wertvolles
Aus
Meinem Stamm
Denn
In mir steckt
Der Wurm

Beim
Schreiben
Meiner
Lebensgeschichte
Reicht
Mitunter
Die
Leertaste

Versiegelt

Mir selbst fremd
Reiße ich
Mühsam erworbene
Selbstsicherheit
Wieder nieder
Baue endlos Brücken
Die mich nicht tragen

Und tauche Träume in Wachs

Manche
Menschen tragen
Masken

Um ihr
Gesicht
Zu wahren

Im
Niemandsland
Der Hoffnung
Ein
Tiefes Loch
Graben
Und
Alle Ideale
Im
Engsten
Verbanntenkreis
Beisetzen

Zum Leben gehört
Realismus
Zum Überleben
Optimismus

Einmal mehr

Für Uschi Z.

Hinter mir
Die Tür schließen
Mantel und Schuhe
Abstreifen
Das Radio einschalten
Und tanzen

Die Zeit an mir
Abtropfen
Den Ärger an mir
Herablaufen lassen
Und über die Pfütze
Der Gewohnheit springen

Froh darüber sein
Sie wieder einmal
Überwunden zu haben

Schichtwechsel

Schweißgeruch
Hüllt sich in
Seifenduftwolken

In Kauenspiegeln
Lächelt die
Morgensonne

Ketten und Staublungen
Rasseln im Dschungel
Der Kleiderhaken

Im feuchten Atem
Der Kühltürme
Läuten Dunstglocken

Feiermorgen im Revier

Mancher
Haut noch
Auf die
Pauke
Wenn er schon
Aus dem
Letzten
Loch pfeift

Endstation

Gebrochener Wille
Gebeugte Haltung
Glanzloser Blick

Warten auf Freunde

Vergebliche Hoffnung
Verblassender Glaube
Verlöschendes Leben

Warten auf die Kinder

Behördlicher Vormund
Bescheidener Anspruch
Bedrückende Angst

Warten auf den Tod

Gestern
War er schon
Im Nebenzimmer

Wie oft
Täuscht die Größe
Des Grabsteines
Über
Die Größe
Des Menschen hinweg

Spart euch
Die Trompeten
Von Jericho
Bei
Meinem Begräbnis

Blast mir
Ein Lied
Auf dem Kamm
Solange
Ich lebe

WENN
SCHWEIGEN
GOLD IST

Wenn
Schweigen
Gold ist
Will ich
Lieber
Arm sein

Herz - Los

Der eine
Trägt sein Herz
Auf der Zunge
Dem anderen
Rutscht es
In die Hose

Die wenigsten
Haben es
Am rechten Fleck

Alle Jahre wieder

Das Oh du fröhliche Grinsen
Wird zur Grimasse

Die Tanne verbirgt
Ihr Gesicht
Hinter Lametta

Die Folienengel
Tanzen im Goldrausch

In Christbaumkugeln
Spiegelt sich
Die Einsamkeit

Macht hoch die Tür
Die Tor macht weit

Vierundzwanzig
Neugiertürchen
Stehen schon offen

Ausgerechnet du

In den Schlaf
Solltest du
Mich wiegen
Die Angst
Solltest du
Mir nehmen

Und du
Machst mir
Ach wie gut
Daß niemand
Weiß wie Schnee
Und rot wie Blut
Und
Schwarz
Schwarz
Schwarz
Sind alle
Meine Farben

Leise stirbt mein zweiter Frühling

Noch
Wirkt alles frisch
Und
Fern der Vergänglichkeit
Doch
Das Lied
Des Paradiesvogels
Klingt wehmütig
Wie
Eine Abschiedsweise
Der Hauch eisigen Windes
Läßt meine Seele frieren
Ich ahne
Er wird krank mein Frühling
Seine Wärme brauche ich
Und
Seine Kraft
Die mir hilft
Den Winter zu vergessen
Doch
Er kündet seinen Abschied nicht an
Wenn er geht
Kann ich ihn nicht halten
Denn
Leise stirbt mein zweiter Frühling

Lachen
Stirbt mir
Im Gesicht
Schatten
Verdecken
Meine Sonne
Nacht
Umhüllt meine
Träume

Das Leben
Geht
Andere Wege
Als ich

Vogel - Frei

Sie stutzten
Seine Flügel
Beschnitten
Seine Krallen
Kupierten
Seinen Schnabel
Und
Wunderten sich
Daß
Der Vogel
Nicht mehr
Singen wollte

Mancher sucht
Offene Arme
Und
Läuft in
Geballte Fäuste

Wir
Menschen
Sind
Ein
Einig Volk
Von Brüdern

Zumindest
Singen wir
Es laut
In
Liedern

Fort - Schrittlich

Der
Wichtigste Schritt
Für
Die Menschen
Ist der
Aufeinander zu

Flohmarktschnäppchen

Tausche
Getragenes Herz
Gegen
Zuverlässig
Arbeitenden
Schließmuskel

Ick liebe dir

Späte Liebe

Mag sein
Daß das
Was ich jetzt fühle
Nicht neu ist

Mag sein
Daß andere
Nachsichtig
Den Kopf schütteln

Mag sein
Daß du dir
Ein Schmunzeln
Nicht verkneifen kannst

Trotzdem möchte ich es
Auf alle Kuschelkissen sticken
An alle Hauswände malen
In alle Himmelsrichtungen schreien

Einfach so

Du hast
Die Nacht aus
Den Träumen gewischt
Die Sonne mir aus
Den Tränen gefischt
Du hast
Tausend Blumen
Der Freude gepottet
Und meine Bedenken
Schnell eingemottet
Du hast
Damit du es
Ganz genau weißt
Dein du
Und
Mein ich
Zusammengeschweißt

MITTEN
AUSSEM
LEBEN

Die Übbaraschung

Die schiefgelaufenen Absätze schlurfen über den Asphalt. Die Sonne kennt kein Erbarmen mit der Alten, die sich immer wieder nervös mit der Hand über die Stirn wischt, um die ständig herunterlaufenden Schweißtropfen wegzuwischen. Unermüdlich malen die Backenzähne. Die Alte bleibt stehen und ringt nach Atem.

»Er wird denken, ich komm heut nich mehr«, flüstert sie. »Abba da kennta die Luise schlecht. Datt se abba auch ausgerechnet heut den vadammten Koks bringen mußten, bei sonne Hitze. Abba datt konnt man sich ja denkn, datt die nich umsons sonne Angebote machen. Da mußte ja noch sonn dicket Ende komm, denn schenken tun die eim ja nix. Doch watt solls? Jezz habb ich den Koks schomma im Kella liegn, denn der nächste Winta kommt bestimmt, heißt et ja inne Werbung.

Tja, Alois, jezz kannze richtich stolz sein auf deine Alte. Bestimmt hasse mir datt widda nich zugetraut, datt ich so prima wirtschaften kann. Abba datt schwör ich dir: Kein Pfennich von deine saua vadiente Rente geb ich für Kinkalitzkes aus.

Und wenne ers ma wüßtes, watt sich dein Luischen für ne Übbaraschung ausgedacht hat, würdesse glatt datt Heulen kriegen.«

Wieder wischt sich die Alte über die Stirn.

»Glaub bloß nich, ich sach jezz, watt et iss. Ne, ne, nix erfährsse vor Weihnachten, datt schwör ich dir. Diesma leechse mich nich rein. Watt meinze wohl, watt die alte Schmittsche blöd ausse Wäsche kuckt, wenn die hört, watte zu Weihnachten krichs. Jezz schnappt se übba, wird se sagn und sich fragn, wie ich mir datt von sonn paa Krötn erlaubn kann. Der werd ich datt nich auf ihre Nase binden. Nu reech dich bloß nich gleich widda auf, datt ich auf Pump kauf. Kannz dich echt drauf valassen, datt ich nich auf langen Bleistift kauf.«

Kopfschüttelnd schlurft sie weiter und brabbelt vor sich

hin: »Der Schäfas hat gesacht, datt et als Baazahlung gilt. Ja, jezz staunze, du Schlaumeier. Datt hasse nämich auch noch nich gewußt, datt et datt gibbt. Abba datt iss so: Wenne die Ware vore Lieferung löhns, dann iss datt Baazahlung, auch wenne eigentlich auf Stottan kaufn tus. Und ich sach dir, bis Weichnachten habb ich datt geschafft.«

Die Alte stöhnt unter der drückenden Hitze.

»Wetten, der Schäfas denkt jezz, ich komm nich. Hat der ne Ahnung, watt ich allet zustande bring, wenn ich mir ers watt innen Kopp gesetzt habb. Davon kannze noch 'n Liedchen singen Alois, oda? Abba, wenn ich sach, ich komm am Letzten, dann bleibt et dabei, und damit basta.

Datt hamm wa damals nachem Kriech auch so gehalten, als wa noch die Betten auf Stottan gekauft hamm. Mensch, watt ging et uns da manchma dreckich. Abba, datt vageß ich nie, wiede imma gesacht hass: Berchmann sein iss ne Vaflichtung.

Ja, ja, schonn damals hatten wir Mallingers eine vadammte Porzion Stolz im Leib. Luise, hasse imma gesacht, Luise, unsan Stolz, den könn se uns nich nehm.«

Endlich steht die Alte vor einem großen, schmiedeeisernen Tor. Sie kramt ein Taschentuch hervor und wischt damit über ihre staubigen Schuhe.

»Sons denken se noch, man wär asozial, soweit kommt datt noch! Mein Alois tät sich ja fürchtalich aufregen, wenna datt hörn tät.«

Sie drückt auf den Klingelknopf.

Am Fenster erscheint ein struppiger, blonder Kinderkopf und gleich darüber taucht ein bärtiges Männergesicht auf.

»Ja, kuck ich denn richtich? Die Frau Mallinger macht sich bei sonne Affenhitze auffen Weech. Datt sollten se abba hübsch bleibn lassn. Wie schnell könntn se sich 'n Sonnenstich holn«, erregt sich der Bärtige.

»Datt lassn se ma ruich meine Sorge sein. Heutzutage, die jungen Dinga, die könn ja nich mehr viel ab, abba wir, vonne

Vorkriechszeit, sind da nich so zimpalich«, lacht Luise.

»Ich glaub, sie hamm vagessn, watt wa heut für Datum hamm. Abba wenn die Luise sacht, sie kommt, dann bleibt et dabei. Abba vielleicht könntn se mir heut ne Bitte erfülln.«

Verlegen druckst sie herum.

»Iss et wohl möglich, datt se mir datt Prachtstück schomma zeigen?« »Ehrnsache, Frau Mallinger, Datt gute Stück iss auch schonn fast fertich. Momentchen, ich komm eben hintn rum und schließ datt Törken auf, dann könn se gleich reinmarschiern.«

Das bärtige Gesicht verschwindet vom Fenster, um wenig später mit dem dazugehörigen Einmeterneunzigkörper wieder im Hof aufzutauchen. Der große Schlüssel fährt ins Schloß und das Tor öffnet sich.

»Na, dann komm se ma rin, Oma«, dröhnt die Stimme des Mannes.

In der Werkstatt herrscht angenehme Kühle, und die Alte atmet erleichtert auf.

»Wo issa denn nu«, fragt sie beinahe andächtig. »Hoffentlich hamm se ihn noch nich geklaut.«

»Abba, Frau Mallinger, wo denkn se hin«, lacht der Bärtige, »der iss hier so sicha, wie in Abrahams Schoß. Oda mein se, hier unta sonne alte Decke würd man sowatt vamutn?«

Zwei derbe Männerhände raffen das schwere Tuch beiseite. Die Alte hält den Atem an.

»Mensch, datt iss datt Schönste, watt ich je zu Gesicht gekricht habb«, meint sie und streichelt behutsam den schwarzen, glänzenden Stein.

»Findn se nich, Herr Schäfas, datt die Buchstabn wie puret Gold schimman? Und dann noch die goldne Rose . . .«

Luise lächelt versonnen.

»Wissen se, warum ich ausgerechnet sonne Rose für mein Alois hahm wollte? Na, weila se nu nich mehr im Gaaten anpflanzen kann, mein Alois. Und Rosen, datt waan imma seine

Lieblingsblumen. Die hatta mir auch zur Hochzeit geschenkt, gelbe Teerosen aussem Gaaten, weil et nix andert gab.«

Die Alte putzt sich geräuschvoll die Nase. Dann strafft sich ihre kleine Gestalt, und sie sagt energisch:

»Nu deckn se datt Ding abba ma flugs widda zu, sons kricht mein Altachen am Ende doch noch spitz, watt et mitte Übbaraschung auf sich hat. Datt konnta nämich imma schonn so gut. Auf die Aat hatta mir so manchet Weihnachtsfest vamiest, weila so vadammt neugierich waa und übbaall rumgeschnüffelt hat.«

Hastig zerrt Luise die Decke wieder über den Stein.

»Et bleibt doch allet, wie vaabredet? Am Vierundzwanzigsten stelln wa ihm datt Ding hin, abba ers, wenn alle Läden dicht sind. Dann denkta, seine Alte hat ihn glatt vagessn ... iss ja 'n bißken unfair ... abba datt hatta vadient. Den kleinen Schreck muß ich ihm einjagen, wegen seine vadammte Neugier.«

Der Mann schmunzelte ein wenig und meint dann: »Wird allet so gemacht, wie sie et wolln, datt habb ich ihnen ja vasprochen.«

Auf dem Gesicht der Alten erscheint ein beinahe überirdisches Lächeln.

»Na, dann kann ich ja ganz ruich schlafen. Will doch ma sehn, obb ich 'n paa Maak abzwacken kann, dann kricht mein Alois noch eine von diese schönen Lampen. Wissen se, grad im Winta iss et ja so vadammt früh dunkel. Da wär sonne Lampe genau datt Richtige für mein Alois, oda watt mein se Herr Schäfas?«

»Mensch, Frau Mallinger, da hätt ich ne Idee. Hier steht noch sonn Ding bei mir rum. Hat ma irgendsonn Angeba bestellt, und hintaher hatta se nie abgeholt. Iss zwaa schonn sonn bißken rostich, datt Lämpchen, abba wenn se sich die Aabeit machn wolln, könn se se hamm. Die kauft mir doch keina mehr ab.»

»Iss datt wirklich waa? So ganz gratis kann ich die mitnehm? Mensch, Herr Schäfas, ich weiß gaanich, wie ich datt gutmachn kann.«

»Nu machn set abba halb lang, sons komm ich mir noch richtich edel vor. Waaten se, ich hol ebn Papier und Bindfadn, dann komm se bessa damit nach Hause.«

Er verschwindet und kommt kurz darauf mit einem Paket zurück, das er der Alten in die Hände drückt. Die bedankt sich noch unzählige Male und tritt dann eilig den Heimweg an.

In den nächsten Tagen ist sie für niemanden zu sprechen. In jeder freien Minute verschwindet sie in den Keller und poliert an der Grableuchte, und mit jedem Tag wird ihr Gesichtsausdruck zufriedener. Am vierundzwanzigsten Dezember frühmorgens läuft sie mit einem Paket unter dem Arm zum Friedhof. Umständlich packt sie die Grableuchte aus und stellt sie vorsichtig auf die Gruft.

»Tja, Alois, viel iss et ja nich, watt ich da für dich zu Weihnachten habb. Abba, du weiß ja selbs, datt ich nu jeden Pfennich dreima umdrehn muß. Vielleicht sitzt nächstet Jaa 'n bißken mehr dran, wenn et Rentenerhöhung gibbt. Also, machs gut Alta, und fröhliche Weihnachten!«

Bloß gut, daß Alois das verschmitzte Lächeln in Luises Gesicht nicht sehen kann.

Lebendich begraabn

Am oberen Treppenabsatz stehend hatte Werner sich noch einmal kurz umgedreht, um seiner Rosi eine letzte Antwort auf ihre Vorhaltungen zu verpassen. Nahezu eine Stunde hatten sie sich gestritten, weil Werner wieder einmal mit einer »Fahne« von der Arbeit gekommen war. Schon bei dem Wort Fahne sah Werner sprichwörtlich rot, denn er hatte höchstens drei Appelkorn und drei kühle Blonde gezischt. Schließlich mußte man ja auf das Wohl eines Neugeborenen anstoßen. Zumal, wenn die Eltern runde sechs Jahre vergeblich auf Nachwuchs gewartet hatten.

Wie hatte Herbert noch zu Ludwig, dem glücklichen Vater gesagt? »Ludwig, alter Junge, da iss dir wohl auf deine alten Tage noch sonn goldena Schuß geglückt!«

Doch Rosi zeigte für solches Kollegenmitgefühl nicht das geringste Verständnis. Olla Suffkopp hatte sie ihn genannt und ihm prophezeit, daß er eines Tages noch in der Nasenbleiche enden würde. Und so gab ein Wort das andere, und Werner hatte gebrüllt: »Jezz habb ich abba die Faxen dick mit deine ewige Meckerei. Nu hau ich ab und laß mir den Kanal so richtich vollaufen, damitte ma siehs, wie sonn olla Suffkopp in Natur aussieht.«

Sich auf dem Absatz umdrehend, verfehlte er die erste Treppenstufe, ruderte hilflos mit den Armen und suchte verzweifelt nach einem Halt.

Doch seine Hände erreichten das rettende Geländer nicht mehr. Der bullige Männerkörper überschlug sich mehrmals und landete unten auf den Steinfliesen.

Verwundert registrierte Werner, daß er keinerlei Schmerz verspürte. Er hörte nur Rosis gellenden Schrei.

»Werna, iss dir watt passiert? Ach du grüne neune, ich habb et doch geahnt, datte dir eines Tages noch datt Genick brichs mit deine blöde Sauferei.«

Werner wollte kontern, doch es kam kein Piep über seine

Lippen. Als er versuchte, sich aufzurichten, stellte er fest, daß ihm sein Körper nicht gehorchte. Trotz aller Anstrengung rührte er sich keinen Millimeter vom Fleck.

Angst stieg in ihm hoch.

Inzwischen kniete schon Rosi neben ihm und rüttelte an seinen Schultern. »Werna, hörsse mich? Mensch, mach doch kein Scheiß, und steh endlich auf, hörsse? Musse mich denn jezz auch noch so erschrecken?«

Ihre Hand klatschte mehrmals gegen Werners Wange.

Typisch Rosi, dachte er und wollte ihre Hände wegschlagen. Unsaeins bricht sich alle Gräten, und die hält datt auch noch fürn Dummejungenstreich. Werner wunderte sich über seine Arme, die wie abgestorbene Äste neben ihm lagen. Er spürte ein Würgen in der Kehle, als säße ihm ein dicker Kloß im Hals.

Rosis Stimme riß ihn aus seinen Überlegungen.

»Wernachen, datt kannze doch nich machen, nich jezz, so kurz vorde Silberhochzeit.«

Herrgottnochma, nu flippt se aus. Quasselt watt von Löffel abgeben, ärgerte sich Werner. Abba soweit iss et noch längs nich, denn auffe Silberhochzeit habb ich mich schließich auch gefreut. Nich datt ich sentimental bin, von wegen langen gemeinsamen Lebensweech und so, abba auf die Sause mitte Kumpels freu ich mich schon lange. Da kann ich ma so richtich auffen Putz haun! Nich umsons steht ne ganze Batterie vom feinsten Aufgesetzten im Kella.

»Wernachen, nu sach doch endlich watt, vadammt nochmal, watt soll ich bloß machen, datte widda beikomms«, lamentierte Rosi und hämmerte wie wild auf Werners Brust ein.

Jezz drehtse total durch, dachte Werner. Sollte mir libba auffe Beine helfen, anstatt für de Festspiele zu üben.

Auf einmal ging Rosi weg, und er hörte, wie sie die Haustür öffnete. Dann gellte ihre Stimme über den Hof.

»Helga, Klaus, kommt ma ganz schnell! Der Werna iss die

Treppe runnagekracht und jezz rührta sich nich mehr. Bestimmt hatta sich datt Genick gebrochen.«

Werner glaubte, nicht richtig gehört zu haben. Datt Genick gebrochen? Sonn Quatsch!

Er wollte aufstehen und sein Weib in die Wohnung zerren, bevor die ganze Nachbarschaft rebellisch wurde. Doch sein Körper gehorchte ihm noch immer nicht. Bestimmt habb ich mir sonn Nerv vaklemmt, dachte er. Datt könnt ihr so passen, datt ich mir datt Genick brech, überspielte er die immer größer werdende Angst. Die waatet doch bloß drauf, datt se sich sonn neuen Seega holen kann. Hatt sich doch in letzta Zeit sowieso bloß noch übba mich beschwert. Nix konnt ich ihr recht machen, übba allet hatt se gelästat. Auf eima war ich ihr zu fett, 'n Schmierbauch habb ich, hatt se gemeint und sich übba meine Geheimratsecken lustich gemacht. Dann widda war ich 'n faulen Hund, und im Bett könnt man mich auch glatt vagessen . . .

Dabei hatt se sich schonn jeden Abend um acht inne Poofe geschmissen, mit Lockenwickla inne Haare und Flanellpölta bis anne Zehen. Iss doch ganz klaa, datt ein da die Lust auffen Schäfastündchen vamiest wird. Und wenn se dann noch diese stinkige Nachtcreme im Gesicht hatte . . . abba Hauptsache lästan, datt ich 'n lahmen Kleppa geworden bin.

Iss doch ganz natürlich, datt man da stiften geht, wenn man vonne Maloche kommt. Da geh ich doch libba mitte Kumpels 'n kühlet Blondes zischen, als mir sonne Vorwürfe anzuhören. Bei ne Runde Knobeln und 'n Gespräch von Mann zu Mann wirs se seelisch widda aufgebaut, weile merks, datte nich allein mitte Probleme biss.

Werners Gedanken wurden unterbrochen, denn Rosi kam mit Klaus in die Wohnung zurück.

Klaus, sein alter Kneipenkumpan würde nun schon für Ruhe und Ordnung sorgen, dessen war sich Werner ganz sicher. Etwas atemlos kam Helga hinterher.

»Laßt ma sehn, watt eigentlich hier los iss, bevor ihr die

Hühna aufscheucht«, vernahm Werner auch schon die ruhige Stimme seines Kumpels. »Ihr Weiba macht ja imma gleich sonn Aufstand wegen jede Mücke.«

Gottseidank, dachte Werner, der erste Normale inne Runde. Gleich werd ich widda auffe Beine sein und mit Klaus ein Pilschen zischen auf den Schreck.

Er merkte, wie Klaus sich über ihn beugte. Bierdunst schlug ihm entgegen, doch Werner konnte den Kopf nicht wegdrehen.

Heiliga Bramos, dachte er angewidert, watt stinkt der Kerl aussem Hals. Iss mir sons nie so aufgefalln. Wenn der noch lange in meine Nähe bleibt, geh ich womöglich noch wirklich übba de Wuppa.

Er spürte, wie Klaus den Kopf auf seine Brust legte.

»Mein Gott«, hörte er ihn im nächsten Moment sagen, »ich glaub, der iss tatsächlich hin.« Und dann schrie er die beiden Frauen an: »Steht nich rum, wie die Ölgötzen, ruft die Feuawehr oda datt Krankenhaus oda watt weiß ich, abba tut endlich watt! Wir können doch den Werner nich so einfach krepiern lassen!«

»Nu reech dich ma ab«, sagte Helga, ich habb doch vohinn schonn den alten Doc angerufen. Der muß jeden Augenblick hier sein.«

Werner bekam Schweißausbrüche. Irgendwas war faul an der Sache. Solange nur Rosi rumgeschrien hatte, war noch alles in Ordnung. Aber nun wurde Klaus auch noch hektisch.

Da ertönte die Türklingel, und das vertraute Gesicht seines Hausarztes beugte sich über ihn. Werner wunderte sich ein wenig über die betonte Sachlichkeit im Blick des sonst immer zu Späßen aufgelegten alten Herrn. Ein wenig fahrig, wie ihm schien, griff er nach Werners Puls. Dann setzte er das Stethoskop auf Werners Brust und leuchtete anschließend mit einer Taschenlampe in die Augen. Und immer noch kein aufmunterndes Wort, immer noch kein »na vor drückt denn heut der Schuh?« Statt dessen erhob er sich jetzt schwerfällig und sagte zu Rosi: »Es tut mir leid, aber hier gibt es für mich nichts mehr zu tun. Mein aufrichtiges Beileid.«

Watt labert der Kerl da für 'n Schwachsinn? Ja waan denn hier alle total varückt? Merkt denn keina, datt ich noch quicklebendich bin? Werner hörte, wie Helga seine Rosi tröstete, und Klaus fluchte laut vor sich hin: »Sonn Mist abba auch!«

»Haben sie jemanden, der sich um die notwendigen Formalitäten kümmert«, fragte der Doktor.

»Ach lassen se ma Herr Dokta, datt mach ich schonn. Datt bin ich meinem alten Kumpel einfach schuldich«, ließ sich Klaus vernehmen.

Die beiden Männer gingen. Vom Schlafzimmer her war Rosis Stimme zu hören. »Weisse watt, Helga, ich will nich, datt wildfremde Männa den Werna ausziehn. Für sonn Bestatta sind Leichen ja wohl doch bloß tote Gegenstände. Eigentlich könnten doch wir zwei den Werner für seine letzte große Fahrt herrichten. Der hatt doch schonn den blauen Anzuch mitte Nadelstreifen im Schrank hängen. Hamm wa ihm grad letzte Woche gekauft, extra für de Silbahochzeit.«

Erneut bricht Rosi in Tränen aus, und Helga hat plötzlich die grandiose Idee: »Ich glaub, Rosi, wir sollten dem Werna ers ma datt Kinn hochbinden. Datt hamm se bei meine Oma auch gemacht, wo se gestorben iss. Datt soll sons hintaher so leicht runtaklappen.«

Werner glaubte, nicht richtig gehört zu haben. Watt will die blöde Kuh? Die Schnauze will se mir zubinden? Kommt ja übbahaupt nich inne Tüte, da gibtet abba Zoff, wenn se datt macht!

»Ach nee, laß ma sein, ich mein, der Werna könnt mir böse sein, wenn wa ihm die Klappe zubinden«, sagte zu Werners Beruhigung seine bessere Hälfte.

Na bitte, dachte er nicht ohne Genugtuung, hatt ja wohl doch mächtigen Respekt vor ihrm Ollen. Doch da hatte Helga schon eine neue Idee.

»Die Hände könnten wa ihm abba schonn falten. Die solln

doch sons hintaher imma so leicht abbrechen.«
»Ach weisse Helga, so fromm war der Werna gaanich. Der hatt imma ganz schön übere Kirche gemeckat. Blutsauga hatta se genannt, weil se imma datt halbe Weihnachtsgeld geschlubbat hamm.«

Ein wenig unschlüssig stand Rosi da.

»Abba den Anzuch und datt Hemd könn wa ihm schomma anziehn, bevor die Saachfritzen komm. Ich will nich, datt se den Werna in seine olle Buchse mitnehmen.«

Wie besorcht die auf einmal um mich iss, wunderte sich Werner. Soviel Rücksicht hatt se doch sons nich auf mich genomm.

Es dauerte nicht lange, und sein Weib kam mit Helga und dem neuen Anzug zurück.

»Komm mein Wernale, deine Rosi macht dich jezz ers ma richtich fein«, flüsterte sie.

Werner schluckte an den aufsteigenden Tränen. Wie lange war es her, daß sie zuletzt Wernale gesagt hatte? Ganz schön beschissen, datt Sterben, dachte er, da denkse, eines Tages gehn die Rolläden runta und du weiß von nix mehr, und nu musse den ganzen Tinnef auch noch miterleben.

Er spürte, wie Rosi an ihm herumfummelte.

»Helga, ich glaub, ich schaff datt nich so ganz allein«, hörte er sie sagen. »Du muß ma mit anpacken!«

Im nächsten Augenblick wurde er aufgerichtet und sein Kopf kam an Helgas Brust zu liegen.

Na bitte, dachte Werner, so laß ich mir datt gefalln. Schließlich will auch sonn Tota noch watt vom Leben haam.

Habb gaanich gewußt, datt die Helga sonn knackigen Busen hatt. Iss ja auch kein Wunda, heute, bei diese varückte Mode, wo die Pullis imma drei Numman zu groß sind. Da muß man ers raten, wo der Busen sitzen könnte. Abba ich muß schon sagen, hier läßt sich gut ruhn.

Keine fünf Minuten, und Werner hatte das neue Hemd an mit den Rüschen auf der Brust. Scheiß Stärke, fluchte er in sich hinein, als er bemerkte, wie das Hemd am Hals scheuerte. Und sowatt soll ich nu Jaa und Tach tragen, und kein Aas stört sich dran, datt ich rote Flecken am Hals krich. Sind ja vadammt rosige Aussichten!

Der nächste Schock ließ nicht lange auf sich warten.

»Helga, zieh du dem Werna schomma die Hose aus, ich bring datt wohl doch nich übba mich,« hörte er seine bessere Hälfte sagen.

Schon knallte er ein wenig unsanft mit dem Kopf auf den Boden, und Helga machte sich an seinem Reißverschluß zu schaffen.

Hörsse wohl sofort damit auf, wollte Werner schreien, wo bleibt denn da die Pietät? Datt könnte dir so passen, mich untenrum in volle Pracht zu sehn. Da bisse schief gewickelt. Ich mach mich steif, datt wolln wa doch ma sehn.

Schon rutschte die Hose bedenklich über die Hüften. Rosi, vadammt nochma, Rosiii, siehsse denn nich, watt die mit mir macht? Datt kannze doch nich einfach so zulassen.

»Ach waate ma Helga, ich glaub, ich muß datt doch selbs machen, weisse, der Werna waa imma sonn bißken vaklemmt.«

Gottlob unterbrach die Türklingel den peinlichen Akt. Werner erblickte zwei Herren mit ernsten Gesichtern, die ihn hochhoben und in einen Sarg legten. Dann herrschte Stille. Totenstille.

Danach war Werner wohl eingenickt und es mußten inzwischen Stunden vergangen sein. Denn das erste, was er wahrnahm, war ein ätzender Geruch. Seltsam unbehaglich fühlte er sich, als er die seidene Decke sah, mit der er zugedeckt war. Blöda Fummel, dachte er, wärmt kein bißken. Wenichstens mein Obabett hätten se mir mitgeben könn. Und datt Koppkissen iss auch der letzte Knülla. Datt hamm se nichma richtich aufgeschüttelt. Fühlt sich an, wie sonn Sack Sägespäne.

Sein nächster Blick fiel auf einen Kranz mit dunkelroten Rosen. Auf den weißen Schleifen stand in goldenen Lettern:

In Liebe – Deine Rosi. Erst dann bemerkte er am Fußende seines unbequemen Lagers sein Weib. Fast hätte er Rosi nicht erkannt, so fremd wirkte sie in der schwarzen Kleidung. Im Hintergrund war die Stimme seiner Schwiegermutter zu hören, die gerade stammelte: »Er waa imma so ein guta Junge.«

Werner glaubte, nicht richtig gehört zu haben. Dieser alte Drachen nannte ihn einen guten Jungen? Das war doch wohl der Gipfel der Scheinheiligkeit. Erst kürzlich hatte sie ihn noch einen versoffenen Penner genannt. Nur unter Aufwendung aller Disziplin war er seiner Schwiegermutter nicht an die Gurgel gesprungen.

Rosis heftiges Schluchzen riß ihn aus seinen Erinnerungen. Wieso heult die bloß so, dachte er beklommen, soll doch froh sein, datt se den ollen Suffkopp so früh los iss.

Nu reiß dich ma am Riemen, Mädchen! Kann doch so tragisch nich sein, wenn Vattan die Flatta macht. Solls ma sehn, et dauert kein Jaa und du hass widda sonn flotten Seega anne Hand. Denk bloß an den Kubowski, der macht dir doch schonn seit Jaa und Tach schöne Augen. Wie sonn Auahahn hatta imma gebalzt, wenna dich schonn vonne Ferne gesehn hat. Also, Rosi, et hockt schonn eina auffa Reservebank.

Aber irgendwie konnte Werner es gar nicht gut vertragen, seine Rosi weinen zu sehen. Waa schonn genuch, wenn imma Weihnachten die Tränen flossen. Kaum brannten die Kerzen, und aus dem Radio kam »Stille Nacht«, dann waa et soweit. Wie ’n kleinet Blach hatte se dagestanden, und krampfhaft vasucht zu lächeln. Ach ja, waa schonn ne schöne Zeit, diese fünfundzwanzig Lenze mit Rosi. Bloß gut, datt Tote nich heulen könn, sonns tät ich jezz gleich so richtich loslegen.

Rosi ging um den Sarg herum, ganz sanft streichelte sie seine Hände. »Mopsilein, ich will nich, datte gehs«, flüsterte sie.

Wer quasselt denn hier von wolln? Könnt mir auch watt besseret vorstelln, als inne Kiste zu liegen und vor mich hinzumodern, dachte Werner grimmig.

Er sah, wie Rosi ihr goldenes Kettchen mit dem Herzanhänger vom Hals nahm und es ihm in die Hand drückte.

»Nimm et mit, damitte mich nich so schnell vagißt. Ich komm bald nach, Wernale. Ohne dich habb ich auch keine Lust mehr.

Dann hörte er jemanden sagen: »Würden sie jetzt bitte Abschied nehmen von dem lieben Verstorbenen, wir wollen ihn nun zur letzten Ruhestätte geleiten.«

Rosi hauchte ihm noch einen Kuß auf die Stirn, Klaus knurrte wie gewöhnlich: »Sonne Scheiße abba auch«, und die Schwiegermutter jammerte: »Warum muß grad er so früh ins Gras beißen?«

Die Kumpel vom Männergesangverein »Brassert 07« stimmten das Lied »Nach der Heimat laßt mich ziehn« an, und ehe Werner noch recht wußte, wie ihm geschah, wurde es auch schon dunkel um ihn, und er hörte, wie der Deckel des Sarges verschraubt wurde.

Da ergriff ihn die totale Panik. Soll datt allet gewesen sein? Die ganze Maloche umsons? Nie widda knobeln mitte Kumpels, nie widda Vasöhnung feiern mit Rosi?

Datt halt ich nich aus! Datt mach ich nich mit! Ich will sofort hier raus! Macht sofort den Deckel widda auf, oda ich schlaach die Kiste kurz und klein!

Verwundert bemerkte Werner, daß ihm seine Stimme plötzlich gehorchte, und zu seinem großen Erstaunen konnte er auch Arme und Beine wieder bewegen.

Noch einmal brüllte er aus Leibeskräften: »Holt mich hier raus, ich leb doch noch!«

Dann hörte er Rosi: »Kannze vielleicht ma 'n bißken leisa leben? Abba ich habbet ja imma gesacht, datte vom vielen Saufen Alpträume krichs. Jezz hass et ma selba so richtig mitgekricht. Und nu dreh dich um und halt die Klappe!«

26

Geteiltes Leid

Die Nacht schien wieder einmal kein Ende zu nehmen. Unruhig wälzte sich Adele Kowalski in ihrem Bett von einer auf die andere Seite. Wie spät mochte es wohl sein? Bestimmt war es erst kurz nach Mitternacht. Eine ganze Woche erging es ihr schon so, daß sie mitten in der Nacht aufwachte. Genaugenommen hatte es damit angefangen, als diese Josefa Kruppke ihre Zimmergenossin geworden war. Vorher hatte Anna mit ihr das Zimmer im Altenheim an der Wilhelmstraße geteilt.

Ja, mit Anna hatte es nie Probleme gegeben. Sie hatte die gleiche Einstellung wie Adele gehabt. Beide wollten sie es nachts hell im Zimmer haben und – was noch wichtiger war – beide mochten es gern kühl beim Schlafen. Doch diese Josefa bestand darauf, daß die Vorhänge abends zugezogen wurden. Außerdem behauptete sie stur, daß sie einen steifen Hals bekäme, wenn das Fenster nachts aufstünde. Genau über den Nacken zöge es ihr. Adele ihrerseits konnte da ruhig ersticken, das Fenster blieb zu.

Und alles nur, weil Josefas Schwiegersohn im Stadtrat saß. Nur dies konnte der Grund sein, daß sie auch bei Schwester Ursula ihren Willen durchsetzte. Wie hatte die erst kürzlich gesagt? Sie wolle sich keine Läuse in den Pelz setzen wegen eines offenen Fensters.

Adele richtete sich ein wenig auf, um den Wecker besser sehen zu können. »Na bitte, was sag ich, genau Null Uhr zwanzig«, brummte sie vor sich hin. »Und eine Luft ist das wieder, daß es einem übel wird. Bestimmt hat die wieder ihre Knoblauchtinktur eingenommen.

Also, das geht wirklich zu weit! Schließlich zahle auch ich jeden Monat meinen Pflegesatz hier, da kann ich verlangen, daß man sich auch nach meinen Wünschen richtet«, meinte Adele und schlug die Bettdecke zurück. Ein wenig umständlich wuchtete sie sich hoch und ließ zunächst die Beine aus dem Bett baumeln.

Das war nötig, seitdem ihr in letzter Zeit ständig die Füße einschliefen. Auch in den Händen machte sich dieses Kribbeln immer häufiger bemerkbar.

Adele angelte nach ihren Hausschuhen und schlurfte zum Fenster. Ganz vorsichtig öffnete sie den Riegel und hielt dabei den rechten Fensterflügel noch ein wenig fest. Sofort blähte sich leicht die Gardine.

Draußen vor dem Fenster wiegte sich der Birkenbaum. Erleichtert atmete die Alte einige Male tief durch. Ein Blick auf Josefa zeigte ihr, daß ihre Widersacherin von der ganzen Aktion noch nichts bemerkt hatte.

»Eines Tages wird die mir nochmal dankbar sein, daß ich sie vom Gegenteil überzeugt habe. Dabei ist das schon eine uralte Weisheit: »Die Füße halt warm, den Kopf halt kalt, und du wirst 100 Jahre alt.« Den Spruch hat mir meine Mutter schon immer erzählt. Sogar Säuglinge sollen frische Luft beim Schlafen haben. Meinen Klaus hab' ich schon als Neugeborenen in den Garten gefahren, wenn er knötterig war. Hat ihm auch nie geschadet.«

Vorsichtig schlich Adele zu ihrem Bett zurück. Gerade, als sie das rechte Bein ins Bett schwang, gab es einen Knall.

Im gleichen Moment begann Josefa ein ohrenbetäubendes Geschrei. »Hilfe, Schwester Ursula, kommen sie schnell, hier ist jemand im Zimmer! Ogottogott, mein Herz!«

Während Adele noch zur Salzsäule erstarrte, wurde bereits die Tür aufgerissen. Schmerzhaft breitete sich die Deckenbeleuchtung im Zimmer aus.

Schwester Ursula stürzte zu Josefa, die immer noch hysterisch kreischte. Erst, nachdem sie einige Male über deren wirres Haar gestrichen war, beruhigte sie sich allmählich wieder.

Ein strafender Blick traf Adele. »Aber Frau Kowalski, wie oft muß ich Ihnen noch sagen, daß das Fenster geschlossen bleibt? Jetzt sehen sie sich die Bescherung einmal an! Der schöne Gummibaum ist hin und obendrein ist der ganze Teppichboden verschmutzt.«

Adele wurde ganz klein in ihrem Bett. »Aber ich wollte doch nur ein wenig frische Luft haben«, flüsterte sie.

»Und dafür wecken sie das ganze Haus auf. Als wenn wir hier nicht schon genug zu tun hätten«, schimpfte Schwester Ursula.

»Auf mich nimmt sie ja auch keine Rücksicht«, zeterte ihrerseits nun wieder Josefa. »Wenn ich mir eine Lungenentzündung hole, mache ich sie haftbar! Ich werde meinem Schwiegersohn sagen, daß er dafür sorgen soll, daß sie verlegt wird. Mit so einer eigenwilligen Person will ich nicht das Zimmer teilen!«

»Fragt sich bloß, wer hier eigenwillig ist«, erboste sich Adele, »bilden sie sich nur nicht ein, sie könnten mich kommandieren. Schließlich habe ich hier ältere Rechte. Mit Anna hat es nie Streit gegeben. Wir haben uns immer bestens verstanden, das wissen sie doch auch, Schwester Ursula.« Plötzlich liefen bei Adele die Tränen. »Warum mußte Anna aber auch den Schlaganfall kriegen?«

»Ist ja schon gut, Frau Kowalski«, lenkte Schwester Ursula schnell ein. »Wer wird denn da weinen, wo sie doch morgen ihren großen Tag haben? Außerdem wäre es doch gelacht, wenn zwei so nette alte Damen, wie sie es sind, sich nicht vertragen könnten.«

Liebevoll deckte sie Adele das Plumeau über die Füße. »Jetzt wird aber ganz brav geschlafen, Frau Kowalski, damit sie morgen so richtig frisch sind, wenn der Bürgermeister kommt.«

Schwester Ursula hob den ramponierten Gummibaum auf und schloß leise das Fenster. »So, meine Damen, ich wünsche ihnen noch eine gute Nacht!«

Es wurde wieder dunkel im Zimmer. Josefa knurrte noch einmal etwas von Rücksichtslosigkeit in sich hinein. Dann wurde es still.

Adele starrte Löcher in die Dunkelheit und versuchte, sich abzulenken.

Richtig, morgen war ihr achtzigster Geburtstag. Du meine Güte, achtzig Jahre, das war ein ganz schönes Stückchen Leben. Ihr Willi war nur ganze zweiundsechzig geworden. Dabei hatte er sich so auf sein Rentnerdasein gefreut. Aber die Staublunge hatte ihm einen Strich durch die Rechnung gemacht. Achtzehn Jahre war sie nun schon allein. Anfangs hatte sie geglaubt, Willis Tod nie zu überwinden.

Bin mal gespannt, wer morgen alles kommt. Die Kinder sowieso, das ist schon mal klar. Vielleicht schicken die von der Agnesstraße auch noch 'ne Abordnung. Schließlich hab' ich da vierzig Jahre gewohnt. Dann waren da noch die oberen Bosse der Stadt. Die kamen ja immer, wenn einer so alt wurde.

Ja, und die Kleinen haben sich sicher etwas ganz Besonderes einfallen lassen für die Oma. Die Kleinen hört sich gut an, schmunzelte Adele, Horst ist immerhin zweiundzwanzig und Birgit zählt auch schon achtzehn Lenze. Man vergißt eben einfach, wie groß die Enkel inzwischen geworden sind.

Adele schob die Decke bis zu den Knien hinab, denn ihr wurde schon wieder heiß.

Eines ist sicher, dachte sie triumphierend, morgen werden sie sich alle nach mir richten. Und da besteh' ich einfach darauf, daß das Fenster den ganzen Tag offen bleibt.

Dieser Gadanke ließ sie schließlich beruhigt einschlafen. Gegen fünf Uhr früh allerdings war sie bereits wieder hellwach, weil sie geträumt hatte, kein passendes Kleid für ihren großen Tag zu haben.

Blödsinn, dabei hat man viel zu viele Fummel im Schrank hängen. Wahrscheinlich werde ich das Dunkelbraune anziehen, das ich mir damals zu Birgits Konfirmation zugelegt habe. Das wirkt immer so vornehm mit dem breiten Spitzenkragen, obwohl Klaus immer meint, ich seh' darin wie eine Gouvernante aus. Willi würde mich wahrscheinlich am liebsten in blau sehen. Dann strahlen deine Augen immer doppelt so schön, hatte er immer gesagt. Vielleicht sollte ich aber ruhig das Geblümte anziehen, von dem Horst immer sagt, daß ich darin noch 'ne richtig flotte Biene bin.

Adele kicherte, achtzig Jahre und 'ne flotte Biene.

Ihr Blick fiel zum Fenster. Der neue Tag graute gerade durch die Vorhänge. Im Altenheim herrschte noch nicht die alltägliche Hektik. Erst in einer Stunde würden die Schwestern damit beginnen, die Heiminsassen zu versorgen. Plötzlich hatte Adele eine Idee.

Heute zur Feier des Geburtstages werde ich mal ein Vollbad nehmen. So richtig lange werde ich mich in die Wanne legen und bis zum Hals im Schaum baden. Das darf man ja sonst nie, weil es zuviel Zeit kostet. Außerdem behaupten die immer, in unserem Alter wäre das lange Baden nicht mehr gut, weil da der Kreislauf leicht verrückt spielen könnte. Haben die 'ne Ahnung!

Vorsichtig schielte sie zu Jesefa hinüber, doch die schien noch fest zu schlafen. Ich muß aufpassen, daß die nichts merkt, sonst verpfeift sie mich glatt wieder. Bemüht, jedes Geräusch zu vermeiden, verließ die Alte ihr Bett. Auf Zehenspitzen schlich sie zum Schrank und kramte den Morgenrock hervor. Jetzt nur noch die Kulturtasche und dann nichts wie weg!

Sie betete, die Tür solle nicht quietschen und schaffte es tatsächlich, unbemerkt aus dem Zimmer zu kommen. Draußen spähte sie vorsichtig nach allen Seiten. Gottlob war keine Schwester in Sicht. Mit flinken Schritten huschte sie über den Flur und stand auch bald vor dem Badezimmer. Eigentlich durften ja die Heiminsassen nicht ohne Aufsicht baden, aber wer war sie denn? Adele Kowalski brauchte keinen Aufpasser.

Und schon stand sie im Bad und tastete nach dem Lichtschalter. Wenig später kippte sie eine besonders große Portion Badezusatz in die Wanne. Dann hielt sie die Brause ganz dicht über den Wannenboden, damit das Wasser recht leise zulaufen konnte. »Bloß nicht erwischen lassen«, murmelte sie, »sonst ist das Badevergnügen zu Ende, ehe es begonnen hat.«

Kaum fünf Minuten später stieg Adele in die Fluten. Vorsichtig streckte sie sich in der Wanne aus. Sie genoß die angenehme Wärme des Wassers und atmete tief den Fichtennadelduft ein. Doch nach einigen Minuten erschien ihr das Wasser ein wenig zu kalt. Leichsinnig geworden, ließ sie nun den Wasserstrahl mit ganzer Kraft aus dem Hahn zulaufen. Ist doch ganz was anderes als die Wasserpfütze, in der man sonst immer baden muß. Die tun ja grad so, als würde man in der Badewanne ertrinken, dachte sie eben, als plötzlich die Badezimmertür aufgerissen wurde und Schwester Ursula erschien. Vor Schreck wäre Adele beinahe in den Fluten versunken.

»Ja, was treiben sie denn zu so früher Stunde schon wieder für einen.Unfug?«, fragte sie mit strenger Miene. Adele stammelte hilflos vor sich hin. Sie suchte krampfhaft nach einer plausiblen Erklärung.

»Wollten sich wohl für den Herrn Bürgermeister besonders hübsch machen, wie?«, meinte die Schwester, und Adele bemerkte nun ein schelmisches Lächeln.

Augenblicklich wurde sie wieder mutig.

»Na ja, Schwester, ich habe mir gedacht, wenn man so alt geworden ist wie ich, kann es nicht schaden, ein bißchen Schönheitspflege zu betreiben. Und schließlich sollen Sie ja mit mir noch Ehre einlegen.«

Schwester Ursula griff unterdessen zum Badehandtuch und meinte: »Es wird aber doch wohl besser sein, wenn wir das Schönheitsbad ein wenig verkürzen, sonst holen sie sich am Ende noch eine tüchtige Erkältung. Außerdem ist es wirklich ein wenig leichtsinnig, so allein in die Wanne zu klettern. Wie leicht könnten sie ausrutschen und sich die Beine oder noch etwas Schlimmeres brechen.«

Sie stellte sich mit dem ausgebreiteten Badetuch direkt vor die Wanne, so daß Adele wohl oder übel aus dem Wasser steigen mußte.

Schwester Ursula rubbelte ihr den Rücken trocken und ermahnte sie dann: »Nun müssen sie aber schön leise sein, damit sie Frau Kruppke nicht aufwecken.

»Ich bin ja immer leise und überhaupt nehme ich viel zu viel Rücksicht auf diese zänkische Person. Aber der was recht machen, ist wirklich eine Kunst«, schmollte Adele und räumte nebenbei ihre Utensilien zusammen.

»Die Frau Kruppke ist eigentlich eine ganz nette Person, die schon viel Schweres im Leben durchgemacht hat«, entgegnete die Schwester.

»Jaja, ich weiß, sie ist die nette Person und ich bin die boshafte Alte. Glauben sie ja nicht, daß ich nicht merke, was hier gespielt wird«, begehrte Adele heftig auf, »und alles bloß, weil der Schwiegersohn . . .«

»Frau Kowalski, ich glaube, wir sollten uns an ihrem Ehrentag nicht über solche Albernheiten streiten. Ich bringe sie jetzt auf ihr Zimmer, und wenn ich nacher komme, suchen wir ihr schönstes Kleid aus und machen sie so richtig fein«, beendete Ursula die Diskussion, »es wird ohnehin höchste Zeit, daß ich mich um das Frühstück kümmere.«

Sie reichte Adele den Arm, die noch einen sehnsüchtigen Blick zur Wanne warf. Wirklich schade, daß sie so früh entdeckt worden war. Mindestens eine halbe Stunde hatte sie noch baden wollen.

Nur widerwillig ließ sie sich von der Schwester wieder in ihr Bett verfrachten. Kaum war diese jedoch aus dem Zimmer, da erhob sie sich schon wieder vorsichtig von ihrem Lager und schlich zum Kleiderschrank. Im Zeitlupentempo öffnete sie die Tür, um jedes Geräusch zu vermeiden. Dabei schielte sie mit einem Auge immer zu Josefa hinüber, die jedoch immer noch mit offenem Mund schnarchte. Im oberen Schrankfach stand die Dose mit der Mousoncreme, die ihr zu Weihnachten die Schwiegertochter geschenkt hatte.

Adele schlurfte zum Spiegel. Allzuviel konnte sie bei dem Dämmerlicht noch nicht erkennen. Also griff sie in den Cremetopf und schaufelte mit den Fingern eine Portion des duftenden Inhalts heraus. Mit kreisenden Bewegungen verteilte sie die Creme in ihrem Gesicht. Du liebe Güte, das Zeug zieht ja gar nicht ein, da kann ich noch bis morgen reiben. Ich hab' ja gleich gesagt, daß so neumodischer Kram für mich nichts ist. Aber die jungen Frauen wissen ja alles besser, und Wilma, die weiß schon gleich dreimal alles besser. Adele hatte plötzlich das Gefühl, als würde die Creme in ihrem Gesicht brennen.

Kurzentschlossen hielt sie einen Waschlappen unter den Wasserhahn und wischte die ganze Pracht wieder ab. Da kann doch einer sagen, was er will, die ganze Chemie ist doch nicht gut für den Menschen. Früher haben wir uns nur mit Kernseife gewaschen und auch immer frisch und sauber ausgesehen. Aber heute waschen die sich mit Seife, die keine Seife ist und kriegen trotzdem Pickel und Falten.

Sie stellte das Töpfchen wieder in den Schrank zurück und brummelte vor sich hin: »Der Josefa werde ich den Pott vermachen.«

Erneut fiel ihr Blick zum Bett der Rivalin, die nun plötzlich im Bett saß und amüsiert lächelte.

Ein wenig verunsichert kramte Adele in ihrer Garderobe, hielt sich mal das braune, mal das geblümte und schließlich das blaue Kleid an.

»Wer die Wahl hat, hat die Qual«, meinte Josefa trocken und Adele giftete zurück: »Na, Sie müssen es ja wissen, wo sie doch gerade ihren achtzigsten gefeiert haben, oder war das nicht sogar schon der neunzigste?«

Verwundert registrierte sie, daß diese Spitze völlig wirkungslos an Jesefa abprallte.

Darüber geriet sie derart ins Grübeln, daß sie schließlich das fliederfarbene Kleid anzog, das sie eigentlich gar nicht ausstehen konnte. Als sie es bemerkte, ging bereits die Tür auf, und die junge Praktikantin betrat das Zimmer, um Josefa beim Ankleiden behilflich zu sein. Erst seit drei Wochen tat sie hier Dienst. Adele wunderte sich immer wieder über die fröhliche Art des Mädchens. Stets hatte sie einen kleinen Scherz auf den Lippen und so sprudelte es auch jetzt aus ihr heraus: »Oh, gnädige Frau haben heute sicher ein Rendezvous, deshalb wohl auch lila, denn lila ist der letzte Versuch.»

Josefa kicherte leise, und Adele hätte sich selbst dafür verwünschen können, als sie bemerkte, wie ihr die Röte ins Gesicht stieg. Krampfhaft sann sie nach einer passenden Entgegnung.

Da wurde die Tür bereits erneut geöffnet und Schwester Adelgonde, die Oberin des Altenheimes, legte ihr den Sinnspruch des Tages auf die Nachtkonsole. Nachdem auch Josefa damit versorgt war, rauschte sie mit einem hoheitsvollen »Gott schütze sie« wieder hinaus.

Neugierig, wie Adele nun einmal war, nahm sie sogleich den Zettel zur Hand, um ihn im nächsten Moment mit einem verächtlichen Schnauben wieder auf die Konsole zu knallen. Liebe deinen Nächsten, wie dich selbst. Haben die 'ne Ahnung, wieviel Nerven das kosten kann. Die haben noch mit keiner Kruppke das Zimmer teilen müssen. Hätten sich auch einen besseren Spruch einfallen lassen können zu meinem Geburtstag.

So verging der Vormittag ohne weitere Ereignisse. Doch nach dem Mittagessen schien der offizielle Festakt zu beginnen. Schwester Adelgonde betrat gegen vierzehn Uhr mit noch drei anderen Schwestern das Zimmer, um ein Geburtstagslied zu singen.

Adele hatte in dem Ohrensessel Platz genommen und ließ die Huldigungen über sich ergehen. Nach dem Lied öffnete sich erneut die Tür und Schwester Ursula kam mit einem Päckchen herein. Sogleich begann Adele das Schleifenband zu lösen. Da das Geschenkpapier an allen möglichen Ecken mit Tesafilm zugeklebt war, riß sie es kurzerhand entzwei. Zum Vorschein kam ein hellrosa Bettjäckchen. Das vierte in der Sammlung, dachte sie enttäuscht, als ob unsereins den ganzen Tag im Bettjäckchen herumliefe. Doch sie hatte sich gut unter Kontrolle, als sie sich mit einem süßlichen Lächeln für die »tolle Überraschung« bedankte.

Im gleichen Augenblick betrat ein seriös aussehender Herr das Zimmer. Adele hatte ihn nie zuvor gesehen.

»Guten Tag, Frau Kowalski und meinen allerherzlichsten Glückwunsch im Namen der Stadt«, erklang eine tiefe Baßstimme. »Ich komme im Auftrage des Herrn Bürgermeisters, der leider verhindert ist. Diese Aufmerksamkeit soll ich Ihnen überbringen. Wir hoffen, das Richtige getroffen zu haben.« Eine Pflanzenschale mit Gummibaum und Primeln setzte er auf dem Tisch ab. Dann eilte er mit einem jovialen Lächeln auf Adele zu und meinte: »Muß ja ein tolles Gefühl sein, neunzig Jahre alt zu werden und dabei noch so fit zu sein.«

Bei diesen Worten ergriff er Adeles Hand, um sie ziemlich derb zu drücken. Adeles Einwand, daß sie immerhin erst achtzig Jahre alt wäre, überging er schlicht. Dafür plauderte er ziemlich belangloses Zeug von der guten alten Zeit und wie schnell doch die Jahre vergehen. Zwischendurch warf er immer wieder nervös einen Blick auf seine goldene Uhr. Auch Adele rutschte unbehaglich in ihrem Sessel hin und her.

Nach fünfzehn Minuten endlich war die unangenehme Prozedur überstanden. Erleichtert atmete Adele auf, als es wieder still im Zimmer wurde. Schweigsam trank sie die Tasse Kaffee, die ihr Schwester Ursula gebracht hatte. Schade, daß Bürgermeister Konrad nicht gekommen war. Ihn kannte sie schon, als er noch ein kleiner Junge gewesen war. Aber so ein Bürgermeister hat ja jede Menge zu tun, der konnte schließlich nicht überall sein, tröstete sie sich selbst.

Gegen fünf wurde Adele merklich unruhig. Zwar war

der Hausgeistliche noch bei ihr gewesen, um ihr ein Gebetbuch zu überreichen, aber ansonsten hatte sich noch niemand blicken lassen. Wo die Kinder nur blieben? Hoffentlich war nichts passiert. Und von der Agnesstraße war auch noch keiner erschienen, um ihr zu gratulieren.

Was Adele am meisten verunsicherte, waren die prüfenden Blicke ihrer Zimmergenossin, die heute auffallend ruhig blieb. Selbst, als Adele beide Fensterflügel öffnete, hatte sie keinerlei Einwände. Gegen halb sechs hielt Adele es nicht mehr aus.

Sie stellte sich vor den Spiegel und bürstete ihr Haar kräftig durch. Zwei-, dreimal versetzte sie die Perlmuttkämmchen, weil sie ihr plötzlich völlig überflüssig vorkamen. »Ich frag' mich bloß, wofür ich mich so aufgedonnert hab'«, seufzte sie, »genau so gut hätte ich im Bademantel hier hocken können.«

Da öffnete sich die Tür und ihr Enkelsohn Horst betrat den Raum.

»Tagchen Oma, was hast du dich denn so aufgehübscht? Siehst ja aus, als wenn Ostern und Weihnachten auf einmal wären.«

Kein Wort vom achtzigsten Geburtstag.

Doch plötzlich hatte Adele die Erleuchtung. Sicher wollte ihr Sohn sie nur zappeln lassen. Ganz bestimmt war das hier einer von Klaus' Scherzen. Gleich würde die Tür aufgehen, und die ganze Bande sie in irgendein tolles Lokal entführen. Beim vierzigsten Hochzeitstag hatte Klaus das genauso gemacht. Damals hatte selbst Willi ein paar Tränen zerquetscht.

Vollkommen gelassen steckte Adele nochmals die Kämmchen an eine andere Stelle.

»He, Oma, du wirst aber auch mit jedem Tag ein bißchen seltsamer«, vernahm sie nach einer Weile Horst. »Wenigstens anständig »guten Tag« sagen könntest du, wenn man dich schon besuchen kommt.«

»Wo sind denn Papa und Mama und wo zum Teufel steckt Birgit?« Adele bemerkte, wie ihr ein paar Tränen über die

Wangen liefen.

»Sag' mal Oma, was soll denn die Fragerei? Die beiden alten Herrschaften sind doch auf Mallorca und Birgit hat doch mittwochs Tennistraining. Ja, und ich wäre eigentlich heute auch unterwegs. Ich wollte bloß mal fragen, ob du mir dreißig Mark pumpen kannst. Kriegst du am Letzten sofort wieder, Ehrenwort.«

Jetzt war es um Adeles Fassung geschehen. Hemmungslos begann sie zu schluchzen. Aus weiter Ferne hörte sie, wie Josefa tadelnd sagte: »Ich finde es verdammt traurig, daß sie den Geburtstag eines alten Menschen so einfach vergessen. Und besonders schlimm ist sowas, wenn es auch noch der achtzigste ist.«

Horsts Antwort hörte Adele schon nicht mehr. Sie kam erst wieder zur Besinnung, als die Tür heftig ins Schloß fiel. Dann spürte sie eine zittrige Hand auf ihrer Schulter. Wenig später heulte sie sich bei Josefa aus. Die redete sie plötzlich mit »liebe Adele« an und streichelte ihr immer wieder liebevoll über den Rücken.

Als Adele sich endlich beruhigte, meinte Josefa: »So, und nun feiern wir zwei einen Geburtstag, der sich gewaschen hat.« Dann schob sie energisch ihre Zimmergenossin zum Ohrensessel und kommandierte: »Augen zu, und nicht eher wieder öffnen, bis ich es sage!«

Gehorsam befolgte Adele die Anweisung und fühlte sich fast in ihre Kindheit zurückversetzt.

Nach einer halben Ewigkeit erklang das Kommando »Augen auf« und was Adele nun zu Gesicht bekam, trieb ihr Tränen der Rührung in die Augen. Acht Kerzen brannten auf dem Tisch, für jedes Jahrzehnt eine, und drei Strumpfblumen, die Josefa selbst gebastelt hatte, standen in einer kleinen Vase.

Dann war da noch ein Kasten Weinbrandbohnen, die Adele für ihr Leben gern mochte und auf dem Kasten lag ein Taschentuchbehälter mit den Initialen A und K. Wenn auch die

Buchstaben ein wenig schief gestickt waren, so erschien Adele diese Handarbeit wie eine ungeheure Kostbarkeit. »Und wenn nachher die Schwestern weg sind, genehmigen wir uns eine Flasche »Gumboldskirchener Spätlese«, und ich will sehen, wer uns das verbietet«, bemerkte Josefa energisch.

Doch bevor es soweit war, sollte Schwester Ursula noch eine Überraschung erleben.

Als sie den beiden Damen nämlich eine gute Nacht wünschen wollte, lagen sie bereits brav und bei geschlossenem Fenster im Bett. Da es auch Schwester Ursula nicht entgangen war, daß Adele einen recht einsamen Geburtstag erlebt hatte, wollte sie der alten Dame eine Freude machen.

»Ich glaube, Frau Kruppke, heute ist ein so mildes Klima draußen, daß wir das Fenster einen Spalt auflassen können«, begann sie daher vorsichtig.

Wie maßlos erstaunt aber war sie, als Adele plötzlich bestimmte: »Das Fenster bleibt zu! Denn gerade heute hab' ich bemerkt, daß hier Durchzug in der Bude ist, und wir zwei wollen uns schließlich keinen steifen Hals oder gar eine Lungenentzündung holen.«

Kopfschüttelnd verließ die Schwester den Raum, und so bemerkte sie auch nicht mehr, wie die zwei alten Damen es sich am Tisch bequem machten, ihre Gläser füllten und eine Runde »Mensch ärgere dich nicht« miteinander spielten.

Warum ich schreibe

Noch immer stelle ich mir die Frage, ob ich wirklich am 4. März 1947 geboren bin, oder ob ich nicht vielmehr 1984 angefangen habe zu leben, in dem Jahre, in dem ich begann, über Dinge laut nachzudenken und zu schreiben.

Aus einfachen Verhältnissen stammend, war mir beizeiten beigebracht worden, daß es nur dem »gelehrten« Menschen zustände, Gedanken zu Papier zu bringen. Und so habe ich siebenunddreißig Jahre nach Vorbildern gesucht oder mich einfach nur angepaßt.

Allmählich wurde mir bewußt, daß jeder eigene Gedanke überlegenswert und jede neue Erkenntnis es wert ist, als Erfahrung weitergegeben zu werden. Faszinierend ist dabei für mich, mitzuerleben, wie meine Gedanken plötzlich sichtbar werden.

Das, was mich in tausend Kindernächten ängstigte, soll wieder auferstehen. Das, was ich in tausend Erwachsenentagen durchlitt, soll - schwarz auf weißen Blättern - wiederzufinden sein. Dabei ist es mein Bestreben, offen mit mir und meiner Umwelt umzugehen.

Sicher gibt es Kritiker meiner Texte. Aber inzwischen habe ich auch gelernt, sie als Bereicherung zu sehen. Denn sie haben eines mit mir gemeinsam: Sie machen sich Gedanken.

Elke Pavlovic-Lotze

INHALT